NAPOLÉON

ET

LA CENSURE.

PAR A. JAL,
EX-OFFICIER DE MARINE.

PARIS
CHEZ AMBROISE DUPONT ET CIE, ÉDITEURS
DE L'HISTOIRE DE NAPOLÉON, PAR M. DE NORVINS,
RUE VIVIENNE, N° 16.
1827

Du même auteur :

LETTRE AU COMTE CORBIÈRE, SUR L'INQUISITION LITTÉRAIRE. Paris (août 1827). Prix : 50 cent.

MANUSCRIT DE 1905, OU EXPLICATION DES SALONS DE CURTIUS AU XXe SIÈCLE ; par Gabriel Fictor. Paris, 1827. Deux vol. in-12. Prix : 7 fr. (Deuxième édition.)

NAPOLÉON

ET

LA CENSURE.

*

.... *Vexat censura columbas.*
LES COLOMBES VEXENT LA CENSURE [1].

*

Huit heures du soir, bureaux de la Censure, rue de Grenelle, n° 103.

.... *Le chef* lisant :

« *P. S.* Son Excellence me charge de vous dire, Monsieur, qu'à la première faute de ce genre elle pourvoira à votre remplacement. » Et vous demandez pourquoi je m'oppose à l'annonce de ce livre infernal!

Premier censeur. Cette raison est sans réplique; mais j'en ai pour mon compte une très-bonne aussi. J'ai rencontré hier le Père provincial de France, qui m'a fait l'honneur de me parler dans la rue, devant tout le monde. Le Révérend m'a salué et m'a dit : « Mon frère, vous » exercez une magistrature de salut; c'est de vous et des » vôtres que nous attendons tout dans l'avenir. Songez que » Dieu vous voit, c'est-à-dire le général de l'ordre, par » qui tout peut être, et sans qui rien ne sera plus.......... » Toute miséricorde coupable envers les mauvais auteurs » et leurs productions maudites vous sera comptée comme » péché mortel. Si vous aviez quelque souci de votre ame, » je vous dirais que, l'éternité durant, elle sera tour-

[1] Traduction libre et inédite, par M. le comte ***, et texte du discours de ce conseiller d'Etat, chargé de demander aux Chambres, à leur prochaine session, la hart pour les écrivains qui se seront permis d'attaquer ces pauvres censeurs.

» mentée comme celle d'un philosophe, d'un libéral, d'un » janséniste et d'un comédien; mais ne parlons que de » votre corps. Sachez donc qu'autant vous pouvez, par » votre zèle, attirer sur vous les grâces d'en haut (celles » de la congrégation, vous entendez!), autant, par une » tiédeur criminelle, vous vous aliénerez nos cœurs. Cou» pez, taillez, rognez, vexez, et, pour chacune de ces » bonnes actions, tombera sur vous un peu de cet or que » le jésuitisme pompe sur le peuple obéissant, pour le faire » retomber en douce rosée sur les serviteurs de la sainte » cause. Vous êtes trop facile, trop humain, prenez-y » garde. Adieu, mon frère; je vous bénis, et puissent mes » paroles vous donner la force dont vous manquez. » Voilà, Messieurs, ce qu'il m'a dit : aussi, pour de la pitié, j'en aurai maintenant comme le valet du bourreau. Je vote contre les annonces et les articles relatifs à l'*Histoire de Napoléon, par M. de Norvins.*

Second censeur. Je vote aussi contre, moi! parce qu'à la fin c'est abuser de notre patience. Quoi! Bonaparte et toujours Bonaparte! N'en finiront-ils pas une fois avec leur Empereur? Comment ne nous l'ont-ils point donné? en bronze, en marbre, en plâtre, en chocolat, en sucre, en pied, en buste, en lithographies, en gravures, en odes, en méditations, en messéniennes, en biographies, en mémoires, en histoires, que sais-je, moi? Passe pour ce qu'on débitait sur son compte en 1815! c'était raisonnable, au moins, et fait dans une bonne intention! mais ces éloges...

Troisième censeur. Oui, oui, proscrivons les éloges de cet éternel Napoléon! que les journaux commis à notre garde ne puissent en parler autrement que pour accabler d'injures sa mémoire importune! L'ombre de cet homme est comme un cauchemar sur la poitrine des ministres : délivrons nos maîtres de cette fatale apparition, et que notre encre, tombée à grands flots sur les colonnes des feuilles mal-pensantes, soit comme l'eau bénite du prêtre prononçant l'exorcisme.

Quatrième censeur. Bravo! admirable! J'ai, quant à moi, Messieurs, d'autres motifs encore. Norvins, en disant la vérité sur l'Empire, va réfuter complètement Walter Scott. L'ouvrage du baronnet, déjà trop décrié par votre faute (car vous avez tout permis contre Scott aux jacobins du *Courrier*, du *Constitutionnel*, des *Débats*, de *la Pandore* et du *Globe*), tombera dans un plus grand discrédit encore; et puis, tenez, entre nous, personne ne peut nous entendre; j'ai pour cordonnier un fils naturel du valet de chambre de l'éditeur de sir Walter Scott; je dois deux mémoires à cet estimable artisan, et il est de ma conscience d'honnête homme de m'acquitter comme je peux. Je n'ai pas d'argent : Montrouge est d'une avarice!..... On a beau se dévouer pour lui, il lésine tant que c'est une pitié! Je n'ai pas d'argent, mais j'exerce la censure, et je veux empêcher qu'on ne ruine le maître du père de mon cordonnier.

Cinquième censeur. Notre honorable ami a raison : rien n'est affreux comme l'ingratitude; il faut payer de la monnaie qu'on a en main. Je suis dans l'admiration devant votre délicatesse, mon cher collègue, et votre procédé me fait penser à celui d'un de nos messieurs qui a fait avoir une place d'espion au mari de sa maîtresse pour.....

(Ici les censeurs partent d'un bruyant éclat de rire; un seul se mord les lèvres.)

Le chef, reprenant la discussion avec vivacité : C'est de l'*Histoire de Napoléon* qu'il s'agit, Messieurs; renfermons-nous dans notre sujet, s'il vous plaît. Je m'oppose de toutes mes forces à la publication des articles et annonces relatifs à cet ouvrage. Le livre est dangereux, parce que les faits y sont vrais; immoral, parce qu'il contient des louanges sur l'administration impériale, qui sont autant de critiques des actes du ministère actuel; contraire au repos public, parce qu'il vante comme un grand homme un enfant de la révolution. J'espère que nul de vous ne contredira mon opinion : ainsi......

Sixième censeur. Mais, Monsieur, vous allez nous couvrir de ridicule.

Le chef. Il me semble que vous êtes payé pour cela, Monsieur; et si vous croyez avoir encore quelque chose à craindre, Monseigneur acceptera votre démission.

Sixième censeur. C'est une tyrannie!

Le chef. Pas de propos séditieux dans l'intérieur du ministère, je vous en prie.

Septième censeur. Permettez-moi, Messieurs, de vous proposer un moyen terme. Il est certain qu'on a permis l'annonce d'une foule d'ouvrages où Bonaparte est très-favorablement traité : c'est un tort, sans doute, mais c'est un précédent.

Le chef. Il est funeste, et nous devons l'oublier.

Septième censeur. D'un autre côté, il est certain aussi que le livre de M. Norvins déplaît à M. de Villèle, à M. de Lourdoueix et à la congrégation : eh bien ! pour ne pas nous mettre en contradiction avec nous-mêmes et pour plaire à la congrégation, à M. de Lourdoueix et à M. de Villèle, prononçons seulement l'*ajournement* des articles qui sont l'objet de la discussion.

Huitième censeur. Saint Escobar ! que c'est bien trouvé ! Adopté.

Le chef. Je vais mettre aux voix cet amendement.

Troisième censeur. Mais c'est une concession, Messieurs, et nous n'en devons pas faire.

Premier censeur. Non, point de concessions ; c'est une lâcheté, et, comme m'a fait l'honneur de me le dire Sa Révérence : un péché mortel. Sauvons nos ames, Messieurs.

Cinquième censeur. Point de concessions ! *C'est par les concessions qu'on perd les empires,* disait sagement Allaire à Etienne qui le priait de se charger d'un rôle insignifiant dans *un Jour à Paris.* Faisons comme Allaire, et sauvons la monarchie.

Troisième censeur. Messieurs, je tiens toujours pour mon eau bénite.

Premier censeur. Moi, pour la rosée du Père provincial.

Quatrième censeur. Et moi pour le fils naturel du valet de l'éditeur de Walter Scott.

Le chef. Messieurs, une idée !

Tous. Une idée !.... Ecoutons.

Le chef. Je propose d'*ajourner* une moitié des articles et de *supprimer* l'autre : cela conciliera tout.

Tous. Adopté à l'unanimité !

Le chef sonne. Pierre !

Pierre, entrant : Messieurs !

Le chef. Si le libraire Ambroise Dupont vient me demander, adressez-le à M. Deliége.... Deliége, vous arrangerez cela avec Dupont ; dites-lui que l'intérêt de l'Etat, la royauté, la censure, les journaux..... dites-lui, ma foi, ce que vous voudrez, mais débarrassez-vous-en.

En vérité, je vous le dis, ainsi, le 22 septembre 1827, s'agitait au bureau de l'inquisition une question que la peur a décidée contre le bon sens. La scène se passait autour de la table ovale où l'on travaille pour la plus grande gloire de la monarchie constitutionnelle, le salut de la religion, l'honneur de la morale, ou, en deux mots plus simples, pour la conservation du ministère et l'empire des jésuites. Le comité était au grand complet : y siégeaient Lourdoueix, Deliége, Beauregard, Sillans, Lévêque, Berchoux, Duplessis et Joseph Pain, hommes honorables, noms sacrés que la France n'oubliera pas dans ses prières.

Le sieur Lourdoueix noircissait le papier du budget de croquis grotesques, car l'auteur de M. *La Jobardière* n'a pas encore perdu ce goût pour la caricature qui le fit connaître et estimer il y a dix ans ; sa plume maligne cachait derrière deux larges verres de lunettes la figure rouge du secrétaire Deliége et allongeait la face de carême du gastronome Berchoux; Callot n'eût pas mieux fait. Lourdoueix souriait à ses charges, que ses flatteurs (il a des flatteurs, M. Lourdoueix!!), que ses flatteurs trouvaient charmantes... Tout-à-coup les *épreuves* des journaux arrivent ; on ouvre les paquets : dans celui du *Constitutionnel*, un article sur l'*Histoire de Napoléon*, par M. de Norvins ; dans celui du *Courrier Français*, un article sur la même histoire ; dans celui de *la Quotidienne* (*la Quotidienne* aussi !), une annonce sur le même ouvrage ; aux *Débats*, une annonce ; à *la Pandore*, une annonce et un article ; au *Journal du Commerce*, un article ; un article au..... et où n'y en avait-il pas? à droite, à gauche : Napoléon ! Napoléon ! Napoléon !

Les censeurs pâlirent : on eût dit qu'un fantôme terrible apparaissait au milieu d'eux et les foudroyait d'un regard ; Lévêque, qui débitait jadis au ministère de la guerre des portraits de l'Empereur dessinés par sa fille, eut plus peur qu'un autre, et se signa deux fois. « C'est une conspiration, dit d'une voix étouffée celui qui revint le premier à lui. — Allons, Messieurs, du courage ! » s'écria Deliége, plus brave après dîner que Sganarelle, et capable de tenir tête aux ombres de dix commandeurs ; et alors commença la discussion que nous venons de rapporter.

Elle durait depuis un quart-d'heure environ ; le tapis vert avait déjà reçu dix coups de canif, car un de ces messieurs, quand il est contrarié, entaille le tapis, comme Bonaparte, signant son abdication, entailla le cuir de la tablette de Fontainebleau ; on allait mettre aux voix la publication des annonces ; M. Pierre, le garçon de bureau, entra, remit en s'inclinant une lettre qu'un gendarme haletant apportait de la rue de Rivoli. Cette lettre du secrétaire de Mazarin reprochait à la censure sa bienveillance, la blâmait d'avoir permis trois annonces du livre de M. de Norvins, et se terminait par le *post-scriptum* qu'on a lu tout à l'heure. Lourdoueix en frémit de tous ses membres; le pauvre homme! cette soirée devait être pour lui féconde en émotions pénibles. Il avait ouvert le *Courrier Français*, et dans l'article sur l'*Histoire de Napoléon*, il avait lu ces mots : *Les résultats bienfaisans de la révolution*. Le rouge monterait pour moins que cela à la figure d'un censeur; Lourdoueix devint cramoisi..... et pourquoi se fâchait-il ainsi, M. Lourdoueix?

Ingrat que vous êtes, oubliez-vous donc que pour vous surtout la révolution fut bienfaisante? Sans elle, bon Dieu! que seriez-vous? bout de table dans quelque maison de roulette, ou petit commis à pied des gabelles. Vous voilà maintenant grand commis, lié à la fortune des jésuites, qui ont fait de vous chétif quelqu'un qui ressemble à quelque chose. Vous avez des cordons, des traitemens, des valets, un salon où viennent vous faire la cour des artistes, non pas les plus médiocres, qui devraient en rougir; vous êtes prié, sollicité, choyé; vous êtes une puissance; on vous a fait le geôlier de la pensée; vous pouvez arriver que sais-je où? la carrière est si vaste! Et vous niez les bienfaits de la révolution! Oh! qu'on ne pense comme vous dans votre village de la Creuse! On vous y porte envie et l'on vous regarde comme très-redevable à cette révolution. Ils sont émerveillés, vos compatriotes! quand on leur parle de vous, ils ôtent leurs chapeaux, et, pour un peu plus, fléchiraient le genou. Un voyageur racontait dernièrement que des gendarmes escortent votre fiacre quand vous venez d'exercer la censure, et les naïfs de l'endroit de s'écrier : « Des gendarmes! quel honneur! » Avant la révolution, vous aurait-on rendu les honneurs que l'on rend au bourreau? Dites!

Vous voilà honnêtes gens de la Restauration; la révolution! vous déclamez toujours contre elle, et, en conscience, elle vous a fait ce que vous êtes. Vous y avez tous gagné : sans 89, M. Denis Frayssinous végéterait dans une petite cure du Rouergue; le comte de Villèle vexerait des nègres, non pas des blancs, ce qui est bien différent pour l'honneur et le profit; le comte Corbière coucherait au moulin; le comte de Peyronnet serait caporal aux gardes; le vicomte de Bonald n'aurait pas de pension sur la police; le cordon bleu Ravez serait un petit procureur bien humble, étudiant le Digeste sous le porche d'une église de Lyon et à l'abri de l'échoppe d'une marchande de parapluies, sa bonne et honorable mère; M. Gaudiche aunerait du drap à Rennes, ou moisirait dans le greffe d'un parlement; l'académicien Roger serait peut-être répétiteur de sixième, et le père Guyon ferait du jésuitisme où il pourrait, mais point en France. Le baron Cuvier a seul perdu à la révolution; il serait savant, estimé, admiré de tout le monde, et le voilà conseiller-d'Etat [1]! Napoléon en fut cause; il dérangea tout, gâta tout; aussi la haine des ministres et de M. Lourdoueix contre ce grand homme me semble bien légitime.

Grand homme! oh! bien oui! ils n'en conviennent point, et de fait ont-ils tort? C'était un joli grand homme, ma foi, que votre Bonaparte? Louis XIV à la bonne heure; demandez à M. Deliége; mais Napoléon! dansa-t-il jamais dans un ballet? chassa-t-il les protestans de leur patrie? vint-il au monde avec deux dents? eut-il cent maîtresses? et un évêque de Nîmes put-il lui dire qu'il était le plus bel homme de son royaume? Encore s'il eût adoré Dieu et administré la justice comme Louis XI! s'il eût fait des vers galans comme François Ier, et, comme lui, brûlé à petit feu des hérétiques! mais non; il n'était bon à rien. Charles IX était grand arquebusier, il tirait aux protestans que c'était un plaisir, il rimait et courait la grosse bête; Napoléon, point. Il ajustait bien un canon et un obusier, c'est vrai; mais un beau coup de carabine contre un huguenot à la nage, il ne savait pas le faire; et quant à la chasse, bon dieu, il n'y entendait rien. Noble profession du braconnage, vous ne pouviez être appréciée par cette ame commune! Il était d'une belle espèce de prince celui dont Lamartine a pu dire :

> Jamais pour éclaircir ta royale tristesse
> La coupe des festins ne te versa l'ivresse.

Parlez-moi de Louis-le-Gros et de ce Charles VII avec qui le prince de Ligne aurait tant voulu souper! Napoléon a donné le Code civil; miracle! Louis-le-Grand avait révoqué

[1] Pour avoir des détails sur tous ces fils de la révolution qui renient sans cesse leur mère, il faut lire le *Manuscrit de* 1905 (2 vol. in-12, chez Dupont). Cette espèce de biographie a obtenu un grand succès; la seconde édition en est presque épuisée. Ce n'est pas, au surplus, à moi à faire l'éloge de ce livre que le public a trouvé amusant et original.

l'édit de Nantes, et il est béni pour ce fait par les apostoliques. Bonaparte remporta des victoires! et qui n'a pas remporté de victoires depuis César jusqu'à Wellington, depuis le fils de Philippe jusqu'au Trapiste? Que fonda-t-il ce génie puissant? le pont d'Iéna? mais des L croisés attestent qu'il fut fait depuis 1815! Se fit-il construire un Parc-aux-Cerfs, ou dota-t-il quelque Diane de Poitiers d'une habitation royale? mérita-t-il l'honneur qu'un Brantôme ou un Bussy Rabutin écrivît la chronique galante de sa cour? Fi de votre grand homme, ami Norvins! Monseigneur et le sieur Lourdoueix ont bien raison!... Vous voulez nous en donner à garder avec vos récits; mais la censure est là pour faire respecter la vérité. La vérité, c'est Walter Scott qui l'a dite! Aussi, par vénération pour Walter Scott, on supprimera tout ce qui sera éloge de Napoléon et critique de son historien écossais.

Entre nous, cependant, M. Lourdoueix, qu'y a-t-il de répréhensible dans le livre de M. de Norvins? Les faits? mais pourrez-vous anéantir les monumens qui les rappellent? abattrez-vous la colonne de la place Vendôme? Alexandre ne l'a pas osé! Brûlerez-vous le Code de Napoléon et tous les décrets de fondations utiles et glorieuses que l'Empire a léguées au gouvernement des Bourbons? Vous déferez donc tout ce qui est. Peut-être voyez-vous des épigrammes dans une histoire grave et sévère? mais où sont-elles? Austerlitz vous paraît-il une parodie de la prise du Trocadéro de Chaillot? les réjouissances qui suivirent la paix d'Amiens sont-elles, selon vous, une dérision des bourrées dansées à Saint-Omer? L'évaluation des sommes que le trésor national eut à donner pour la guerre qui finit par l'entrée des Français à Vienne ou à Berlin, c'est un document historique; y verriez-vous un malicieux rapport avec celle des millions dépensés au camp de l'Artois? C'est que vous avez la manie des interprétations, c'est que tout vous offusque! Saint-Omer a été votre califourchon pendant deux mois; on n'a pu en écrire librement que dans la *Quotidienne*. Dans la *Pandore* [1] et ailleurs, on a voulu dire que la route que de-

[1] *La Pandore* est fort en mauvaise odeur auprès de la censure. Héritière du *Miroir*, elle a mérité que les agens du pouvoir lui continuassent la haine qu'ils avaient vouée à ce journal. La probité de ses rédacteurs est connue, l'indépendance de ses opinions est un fait dont le public n'a pas douté un jour: aussi son succès s'est-il toujours maintenu. Les censeurs lui font une guerre cruelle; ce qu'ils permettent à toutes les autres feuilles, ils l'interdi-

vait parcourir le Roi avait été réparée avec soin, que les maisons de la plupart des petites villes traversées par le cortége des princes avaient été badigeonnées et parées, vous ne l'avez pas permis; c'était cependant à la louange des agens du pouvoir et du Potemkin français. Comme sous l'Empire les routes étaient bien entretenues, et qu'elles le sont fort mal depuis la restauration, parce que l'argent des contributions va ailleurs, il ne faut pas qu'on souffle mot des réparations faites pour le voyage du Roi. Bonté divine! que diraient les préfets si on s'avisait de demander pourquoi tous les voyageurs qui paient leur part du budget ont trouvé long-temps des trous et des ornières sur un chemin qui leur sera désormais doux et facile? N'en parlons donc pas, et empêchez qu'on ne parle aussi de l'*Histoire de Napoléon*, car il y est question de l'œil du maître, de l'administration des ponts et chaussées et de bien d'autres choses encore.

Proscrivez, mais sachez que malgré vous, et peut-être aussi à cause de vous, l'*Histoire de Napoléon* est populaire; qu'une édition entière est placée quand à peine la première livraison est mise en vente; que ce livre se vendra au moins à six mille exemplaires, dussent Walter Scott en mourir de chagrin et vos valets en suffoquer de rage; que cela arrive comme il devait arriver. Les grands souvenirs ne meurent pas tout de suite, voyez-vous; si on aime peu en Napoléon le monarque absolu, on admire toujours en lui le grand administrateur, le politique habile, le rival de César, l'homme de génie enfin. M. de Norvins l'a représenté comme il était, et son ouvrage est estimé. Défendez qu'on l'annonce, qu'importe? nous dirons vos craintes puériles, et le livre se vendra plus vite, et vous en serez pour votre courte honte.

Pauvres fous! qu'Ignace vous bénisse, vous méritez bien de Montrouge! que l'ombre de Castlereagh vous sourie, vous méritez bien d'elle et d'Hudson Lowe! Faites-nous la guerre; nous vous la rendrons. Amassez des trésors de haine; semez l'injustice, et vous recueillerez plus que le mépris quand le jour de la liberté sera revenu pour la presse périodique. Tant qu'elle sera esclave, vous triompherez; s'il y a quelque bassesse à faire, vous vous en donnerez la joie; vous protégerez tous les charlatanismes; vous couvrirez de votre égide tous les ridicules et tous les vices. Combattez pour le

sent à *la Pandore*. Malheureux sont auprès des lecteurs les journaux que l'inquisition protége! *La Pandore* s'est toujours mise à l'abri d'une semblable infortune.

père Loriquet et M. de Villèle ; mais, pour Dieu, prenez garde aux géans ; n'allez pas vous briser contre la statue de Napoléon ! Est-il spectacle plus pitoyable que celui-ci : Lourdoueix interdisant la gloire à Bonaparte ! Napoléon et la censure, quelle lutte ! La censure, que de bien elle fait au pays ? quel amour elle inspire pour ceux qu'elle protége ! Il faut continuer de dévoiler ses odieux mystères ; il faut la mettre à nu pour la montrer dans toute son horreur, dans toute sa misère. Que chacun dise ce qu'il en sait. Des pamphlets, des brochures ! On les fait excellens quand on s'appelle Châteaubriand ; on les fait vigoureux, raisonnables, spirituels, quand on s'appelle Pagès, Salvandi, Jussieu, Bert, Bodin, Jay ou Dupin ; on les fait comme on peut quand on s'appelle A. JAL.

Voici les articles supprimés ou ajournés par la censure sur l'*Histoire de Napoléon*, par M. de Norvins :

Histoire de Napoléon, par M. DE NORVINS [1], ornée de portraits, vignettes, cartes et plans, tome 1er, première livraison.

Il s'est élevé un cri général de réprobation contre l'ouvrage qui vient de porter une si grave atteinte à la réputation morale et littéraire de sir Walter Scott. Au lieu d'un récit impartial et vrai qu'on attendait d'un homme qui déposait la plume du romancier pour prendre celle de l'historien, on n'a vu qu'une déclamation en neuf volumes, qui semblerait avoir été commandée par Castlereagh, tant elle respire d'inimitié contre la France et contre Napoléon. Et ce qui rend la partialité de l'auteur intolérable, ce sont les accès de véracité, les faux-semblans de justice dont il entremêle ses diatribes pour leur donner du crédit. Mais qu'attendre d'un homme qui, déclamant sans cesse contre la France, ose justifier l'incendie de Copenhague, et prendre le parti de sir Hudson Lowe contre l'illustre captif de Sainte-Hélène !

Walter Scott, qui a voulu tracer un tableau de la révolution sans l'avoir apprise, sans même l'avoir lue avec attention dans les journaux du temps, écrit aussi l'histoire de Napoléon sans la connaître. Au lieu de prendre pour base de son travail les actes

[1] L'ouvrage formera quatre volumes in-8°, publiés par livraisons qui paraîtront tous les dix jours. Quatre livraisons formeront un volume. Prix de chacune : 2 fr. 50 cent. pour les souscripteurs.

On souscrit à Paris, chez Ambroise Dupont et Cie, libraires, rue Vivienne, n° 16, et chez Mongie, boulevard Italien, n° 10.

publics et les pièces authentiques, il n'a consulté que des Mémoires, dont il ne cherche pas même à faire concorder les témoignages. On sait d'ailleurs que, dans son dernier voyage, il a poussé l'indifférence pour la vérité jusqu'à refuser les communications qu'on lui offrait. Il pense apparemment comme Vertot, qui, refusant sur la prise de Rhodes et de Malte des documens fidèles, mais venus un peu tard, répondait : Mon siége est fait. Aussi que de méprises, d'inexactitudes, de contradictions de toute espèce, d'assertions tout-à-fait fausses et de jugemens hasardés.

Telle n'a point été la marche de M. de Norvins, qui publie si à propos la plus éloquente des réfutations de Walter Scott, c'est-à-dire le récit véritable des faits si étrangement défigurés par le romancier anglais. Souvent placé de manière à voir de près la direction imprimée aux affaires, témoin attentif des événemens, les yeux toujours fixés sur l'homme extraordinaire qui les faisait naître, ou luttait contre eux avec toute la force de son génie et de sa volonté, M. de Norvins a commencé par recueillir avec soin ses nombreux et riches souvenirs. La lecture assidue des journaux, des ouvrages, des documens de toute espèce sur Napoléon, a suivi ce premier travail; à chaque publication nouvelle, étude nouvelle pour l'écrivain religieusement occupé de son travail. Après avoir consulté les livres, M. de Norvins a interrogé les hommes qui pouvaient l'instruire : diplomates, membres des conseils, administrateurs civils et militaires, officiers, généraux, ont successivement répondu à ses pressantes questions, dans des entretiens qu'on pourrait appeler historiques; et de précieuses confidences lui ont été faites par des personnages importans de l'époque, qui ont pu connaître, soit ce que Tacite appelle *arcanos principis sensus*, soit les ressorts de la politique, soit les causes des plus hautes résolutions, et ces nécessités semblables à des lois de fer qui enchaînent un gouvernement à une conduite motivée sur les intentions connues de ses ennemis.

Outre tous ces élémens d'une véritable histoire, que sir Walter Scott a négligés, même lorsqu'il pouvait se les procurer, M. de Norvins doit encore beaucoup à la manière avec laquelle il s'est préparé à devenir le peintre du premier capitaine du siècle. Depuis la naissance du consulat, jusqu'à la fin de l'exil de Sainte-Hélène, Napoléon n'a pas cessé d'être un sujet d'étude pour son futur historien; aussi la première qualité de M. de Norvins est-elle une connaissance approfondie du caractère, de la pensée, de la situation et de la politique de son héros. Ce mérite éclate dès la préface, où le portrait de Napoléon est tracé d'une manière si haute, si énergique et si vraie. Napoléon, tel que nous l'avons vu, revit pour nous dans ce portrait étincelant de ressemblance et d'originalité. Dans tout le cours de la narration des faits, c'est Napoléon lui-même qui explique Napoléon; mais comme il y avait en lui autant de calcul que de génie, autant de profondeur que d'impétuosité et de certains mystères qui appartiennent aux caractères d'Italie, M. de Norvins ne manque pas de porter la lumière dans le cœur de l'homme extraordinaire, et d'en éclairer les plus secrets mouvemens.

La première livraison de l'ouvrage que nous annonçons en ce moment est propre à intéresser vivement le lecteur. On y trouve d'abord l'enfance de Napoléon, débarrassée de tout le merveilleux mensonger dont on a coutume d'entourer le berceau des hommes extraordinaires, et n'offrant que les traits prononcés d'une ame énergique et d'une humeur opiniâtre. Il n'obéit qu'à la voix de sa mère. L'adolescence de Napoléon fait de grandes révélations sur son caractère et sur son avenir. « C'est du granit chauffé au volcan », dit un de ses maîtres. En même temps, les études passionnées, et surtout le choix des jeux de l'élève de Brienne, annoncent du génie et un penchant irrésistible pour la guerre. Au sortir des écoles, le monde l'attire et adoucit la rudesse un peu sauvage de ses mœurs et l'âpreté de son humeur; la philosophie exerce une puissante séduction sur son esprit. La révolution a éclaté; elle s'empare de lui en le jetant d'abord au milieu des troubles de la Corse. Il en revient proscrit avec sa famille, plein de haine pour l'Angleterre, et n'emportant de son pays que les prédictions de Paoli, qui a vu dans ce jeune homme, taillé à l'antique, l'un des héros de Plutarque.

De ce moment de détresse, nous passons au siége de Toulon, premier degré de la fortune de Bonaparte. L'armée d'Italie lui doit bientôt une victoire remportée sous les ordres du général en chef Dugommier. Le malheur succède aux débuts de la gloire. Bonaparte se voit menacé jusque dans sa vie; on oublie la prise de Toulon, et l'on veut punir le jeune vainqueur pour le crime d'avoir vu à l'armée un député proscrit. Il échappe au danger parce que l'ennemi nous menace, et que les représentans le retiennent à l'armée. Maintenant nous le voyons destitué de son grade : il languit à Paris presque dans la détresse. On a besoin de lui; on le consulte sur le plan d'une campagne d'Italie, il donne son plan; le voilà remis en lumière. Vendémiaire éclate et lui donne un grand pouvoir; de-là il monte au commandement de l'armée d'Italie; de-là les victoires de Montenotte, de Millesimo, de Dego et de Mondovi, couronnées par l'étonnant armistice avec le Piémont. Là s'arrête cette première livraison, dont l'intérêt va toujours croissant dans une narration rapide et pittoresque, qui entraîne et échauffe le lecteur.

Un portrait de Bonaparte au temps de sa première élévation, une gravure qui le représente commandant à Brienne l'attaque et la défense des fortifications de neige élevées par ses camarades, et enfin le plan du siége de Toulon ornent cette livraison. La seconde qui la suivra dans deux jours, ne sera en rien inférieure à la première.

ROGNURE DU CONSTITUTIONNEL.

Histoire de Napoléon, par M. DE NORVINS:

Les mânes outragés de Napoléon, une grande infortune poursuivie au-delà du tombeau, l'œuvre de la révolution calomniée dans ses bienfaits, la dignité de l'histoire compromise par un ignoble travestissement, par d'impudens mensonges, tout enfin réclamait une vengeance éclatante du roman historique publié récemment sous le nom de l'auteur de *Waverley*. Le dernier ouvrage de Walter Scott est maintenant jugé : il n'a obtenu de l'Angleterre qu'un froid dédain, et l'apologiste si complaisant de l'hospitalité anglaise, cet écrivain qui a plaidé si longuement la cause des Maitland et des Hudson Lowe, qui a presque battu des mains à l'agonie du captif de Sainte-Hélène, n'a pu trouver grâce même devant le peuple qu'il veut décharger d'une des plus terribles accusations de l'histoire. Cependant l'autorité d'une grande réputation peut accréditer la calomnie, donner du poids à l'imposture; la *Vie de Napoléon* par Walter Scott a été recherchée par la curiosité qui s'attache à tous ses ouvrages, et une réfutation d'un pareil ouvrage était nécessaire. Un écrivain distingué vient de satisfaire ce vœu public, en même temps qu'il élève un monument à la mémoire du grand homme dont Walter Scott s'est constitué sans titre le biographe.

Mais la meilleure réfutation de son libelle, c'est l'histoire impartiale de Napoléon, c'est le tableau animé et vrai de cette vie si féconde en grandes choses; la France a partagé la gloire de Napoléon, et chaque jour qui nous éloigne de l'époque de sa mort, rapproche pour lui davantage le temps de cette justice dont M. de Norvins se charge aujourd'hui d'enregistrer les arrêts. La première livraison de l'*Histoire de Napoléon* [1] par M. de Norvins est sous nos yeux. Cette livraison contient l'esquisse de la révolution française, de son influence sur la jeunesse de Bonaparte. On y assiste au prélude si dramatique de sa vie guerrière, lorsque dans l'ombre d'un collége, il était déjà enfant-roi et s'élevait pour ainsi dire un trône sur le banc d'une classe obscure. M. de Norvins initie le lecteur au secret de la grandeur future de Napoléon et l'explique ingénieusement par les habitudes de son enfance. Rien de plus intéressant que la scène où il le représente à Brienne construisant des remparts de neige, remplissant tout à la fois les fonctions d'ingénieur et de général, dirigeant tour à tour l'attaque et la défense, et salué du nom de Scipion ou d'Annibal sur ce bizarre champ de bataille. Bientôt il passe du collége sur le théâtre de la révolution naissante où Bonaparte ne tarde pas à trouver un rôle; il le trouve devant les murs de Toulon, s'en empare au nom de la victoire, et le conquérant de l'Italie est amené au monde. Là s'arrête cette première livraison

[1] On souscrit chez Amb. Dupont et Cie, libraires, rue Vivienne, n° 16.

qui est la promesse et le gage d'un ouvrage plein d'intérêt. Le talent de M. de Norvins est brillant, vigoureux, plein de verve; il peint quand il raconte. Un autre genre de mérite qu'on ne saurait trop apprécier distingue M. de Norvins : nous voulons parler de son impartialité, car le danger le plus à craindre dans une semblable composition serait un enthousiasme irréfléchi.

La nouvelle *Histoire de Napoléon* ne peut donc manquer d'être accueillie très-favorablement par le public. Les éditeurs n'ont rien omis de ce qui pouvait en assurer le succès. La première livraison, sortie des belles presses de M. Pinard, est ornée d'un beau portrait de Napoléon, d'une gravure qui représente une scène du collége de Brienne et d'un plan du siége de Toulon. L'ouvrage est publié par livraisons, toutes ornées de gravures et de plans, qui paraissent régulièrement tous les dix jours et qui formeront 4 volumes in-8 d'environ 450 pages chacun; 4 livraisons formeront un volume, le prix de chacune d'elles est de 2 fr. 50.

ROGNURE DU COURRIER.

Histoire de Napoléon, par M. DE NORVINS [1].

Walter Scott a déshonoré la plume qui traça le portrait de Louis XI; il a écrit, en haine de la France, l'histoire du général, de l'administrateur, du souverain qui conduisit vingt ans nos armées à la victoire, établit l'ordre public, créa le code des garanties civiles, fonda le despotisme sur la gloire, et ruina les droits politiques à l'abri de l'admiration qu'il avait imposée à un grand peuple. Un besoin d'argent qu'il est honteux de satisfaire en soulevant de misérables passions et en accréditant des calomnies, a seul inspiré Walter Scott. Plusieurs réfutations de l'ouvrage du spéculateur écossais ont déjà paru; il en paraîtra bien d'autres encore probablement; car ce n'est pas l'affaire d'un seul homme de répondre à tant de faussetés, de restituer le vrai partout où il y a le mensonge, de réformer les dates erronées, de combattre les préventions par l'exposé des faits, de repeindre, en un mot, la grande figure historique dont Scott a fait une hideuse caricature.

De toutes les réponses qu'on peut faire aux opinions de sir Walter, la plus éloquente, la plus péremptoire, celle qui laisse le moins soupçonner la passion, c'est M. de Norvins qui l'a faite, et d'autant mieux que ce n'est pas du tout pour le besoin de la circonstance qui l'a préparée. Cet écrivain, dont l'article *Bonaparte*, dans la Biographie des Contemporains, avait été remar-

[1] Première livraison. Prix : 2 fr. 50 cent.
Chez Amb. Dupont et Cie, libraires, rue Vivienne, n° 16; et chez Delaforest, rue des Filles-Saint-Thomas, n° 7, place de la Bourse.

qué, s'était occupé de donner à son travail de plus grandes proportions, et de faire une histoire de ce qui n'était d'abord qu'une notice. Il a mis la dernière main à cet ouvrage, que peut-être il n'eût pas publié tout de suite, si le roman satirique et calomnieux de Scott n'avait point paru.

La première livraison de l'*Histoire de Napoléon*, par M. de Norvins, vient d'être mise en vente; elle comprend depuis la naissance du héros jusqu'à la première époque de la campagne d'Italie. La lecture en est très-intéressante, parce que les faits y sont présentés simplement, et qu'ils n'ont besoin d'aucune glose élogieuse pour paraître grands et beaux. L'auteur, dont l'opinion se fait pressentir, mais ne s'impose pas violemment à nous, est justement avare de réflexions; il raconte et nous laisse le soin de déduire toutes les conséquences naturelles de sa narration. Nous ne regrettons qu'une chose, c'est que M. de Norvins n'ait pas donné, sur les premières années de la vie de Napoléon, de plus grands détails. L'enfance d'un homme tel que Bonaparte abonde en singularités qui établissent son caractère dans l'esprit du lecteur. Ce n'était point assez de nous parler des combats à coups de boules de neige qui donnaient à Bonaparte, alors élève à Brienne, l'occasion de montrer son goût pour le commandement; il eût été bon de nous citer plusieurs traits de sa première jeunesse, de ces traits qui sont traditionnels dans les écoles militaires où les camarades de Bonaparte les ont contés cent fois. Quelques-uns des généraux qui ont été dans la première intimité de Napoléon auraient pu donner à M. de Norvins des renseignemens pleins d'intérêt à ce sujet. Nous aurions voulu aussi que l'historien nous peignît un peu le genre de vie que menait Bonaparte à Paris, quand, espérant les faveurs du gouvernement, il fréquentait la société célèbre de Mme G., où il était connu sous le nom de *capitaine La Râpière*, à cause de la longue épée qu'il portait et de l'habit râpé qui composait toute sa garde robe. Toutes ces petites choses ajoutent fort au mérite d'un livre dont le sujet est un grand homme : il n'est point de détails inépuisables quand ils vont à donner la plus juste idée possible d'un personnage d'une aussi haute importance.

Il y a peu de reproches à faire à M. de Norvins sur son style; il est en général clair, précis et exempt d'enflure. Nous avons été choqués d'un jeu de mots qui manque de dignité, et que l'auteur fera bien de retrancher dans une seconde édition. M. de Norvins, parlant des lectures favorites de Napoléon, dit: « Quand sa fortune fut faite, il se délassa de l'histoire par la fable, et quitta Plutarque pour Ossian; mais ce ne fut qu'une distraction de son esprit. » Puis il ajoute : Il *rentra bientôt*, pour n'en plus sortir, dans *la carrière des grands hommes*. » Ce trait n'est pas d'un goût délicat, et il dépare une page très-bien écrite. Nous pourrions citer quelques passages qui, en donnant une excellente idée de la manière de M. de Norvins, justifieraient encore l'observation que nous venons de faire sur *la carrière des grands hommes*.

L'ouvrage de M. de Norvins est destiné à un grand succès. Déjà on le recherche avec beaucoup d'empressement. Les éditeurs de l'*Histoire de Napoléon* n'ont rien négligé pour *faire un beau livre*. M. Pinard, un de nos plus habiles typographes, l'imprime; des vignettes et des portraits l'embellissent, et des plans de combàts accompagnent le texte et aident à son intelligence. L'Histoire que nous annonçons avec empressement et plaisir aura 4 vol. in-8. Chaque volume paraîtra en 4 livraisons. Le prix de chaque livraison est de 2 fr. 50 c.

ROGNURE DE LA PANDORE.

Histoire de Napoléon, par M. DE NORVINS [1].

L'Histoire de Napoléon, par sir Walter Scott, est jugée; elle trouvera tout au plus une place parmi les romans historiques: un autre historien se présente; il est déjà connu dans le monde littéraire par différens ouvrages rédigés avec une franchise qu'on ne rencontre pas toujours. *L'Histoire de Napoléon*, par M. de Norvins, aura 4 volumes in-8°; chaque volume sera composé de quatre livraisons; la première est en vente: elle est divisée en trois livres. Le premier livre donne des renseignemens sur l'origine de la Corse, sur la famille de Bonaparte, sa naissance et ses premières années. Napoléon, enfant, n'était, comme il l'a dit lui-même, qu'un enfant obstiné et curieux; mais cette obstination, cette curiosité ont excité l'émulation de l'écolier; il a fait des progrès rapides, d'abord à Brienne, jusqu'à l'âge de quatorze ans; ensuite à l'Ecole-Militaire, jusqu'à sa mise en activité dans l'armée.

En 1783, le chevalier de Kéralio, inspecteur des douze écoles militaires, qui avait conçu une affection toute particulière pour Bonaparte, s'opposa à ce qu'on le conservât encore un an à Brienne. « Non, dit M. l'inspecteur, j'aperçois dans ce jeune homme une étincelle qu'on ne saurait trop cultiver. » Un recueil manuscrit, qui a appartenu à M. le maréchal de Ségur, alors ministre de la guerre, renferme la note suivante : « Ecole des élèves de Brienne. Etat des élèves du Roi, susceptibles, par leur âge, d'entrer au service ou de passer à l'Ecole de Paris; savoir : M. de Bonaparte (Napoléon), né le 15 août 1769; taille de quatre pieds dix pouces dix lignes; a fait sa quatrième; de bonne constitution, santé excellente; caractère soumis; honnête et reconnaissant; conduite très-régulière; s'est toujours distingué

[1] Quatre volumes in-8°, ornés de portraits, plans et gravures, publiés par livraison. Quatre livraisons formeront un volume. Il en paraîtra une régulièrement tous les dix jours. Prix de chaque livraison : 2 fr. 50 cent.
A Paris, chez Amb. Dupont et Cie, libraires, rue Vivienne, n° 16.

par son application aux mathématiques; il sait très-passablement son histoire et sa géographie; il est assez faible dans les exercices d'agrément, et pour le latin où il n'a fait que sa quatrième; ce sera un excellent marin; mérite de passer à l'Ecole de Paris. » Cette note décida l'admission de Bonaparte à l'Ecole-Militaire. M. de l'Eguille, son professeur d'histoire, avait ainsi noté le jeune Napoléon : « Corse de nation et de caractère, il ira loin si les circonstances le favorisent. » M. Domairon, qui lui enseignait les belles-lettres, appelait énergiquement ses amplifications « du granit chauffé au volcan. »

Le livre second contient le récit succinct des événemens qui se sont passés de 1792 à 1795. Après le 13 vendemiaire, la Convention décréta le désarmement général des sections; cette opération devint la singulière occasion du mariage de Bonaparte. Les perquisitions avaient été faites avec tant de rigueur dans les maisons, qu'aucune arme quelconque n'y était restée. Un matin, on introduisit chez le général Bonaparte un enfant de douze à treize ans, qui venait réclamer l'épée de son père, général de la république, mort sur l'échafaud; cet enfant était Eugène Beauharnais : l'épée lui fut rendue. Sa mère voulut remercier le général. Voilà comment Bonaparte connut Mme de Beauharnais.

Le troisième livre commence à l'établissement du Directoire, et rend compte d'une partie des opérations de Napoléon, comme général en chef de l'armée d'Italie. Nous regrettons qu'il ne nous soit pas possible de suivre ce général dans sa marche. Nous sommes obligés de nous borner à renvoyer le lecteur à l'ouvrage de M. de Norvins. Le style de cet historien a la dignité qui convient au sujet : l'écrivain est quelquefois sévère, mais sans passion; aussi les éloges qu'il donne sont sincères. Si les livraisons qui doivent se succéder tous les dix jours sont rédigées avec le même esprit d'impartialité, cette Histoire trouvera place dans toutes les bibliothèques.

ROGNURE DE LA RÉUNION.

IMPRIMERIE DE J. TASTU, RUE DE VAUGIRARD, N. 36.

Pour paraître incessamment :

LE GÉNÉRAL GOURGAUD

ET

WALTER SCOTT,

OU

LETTRE ET PIÈCES

Adressées aux journaux anglais par sir Walter Scott, en réponse à la Lettre du général Gourgaud,

suivies de la

RÉPLIQUE DU GÉNÉRAL,

ACCOMPAGNÉE DE NOTES ET PIÈCES JUSTIFICATIVES.

Brochure in-8°.

En vente :

L'HOMME DU MONDE,

PAR M. ANCELOT.

Quatre volumes in-12. Prix : 12 fr.

Réfutation de la Relation du capitaine Maitland, commandant *le Bellerophon*, touchant l'embarquement de Napoleon à son bord, rédigée par M. Barthe, avocat à la Cour royale de Paris, sur les Documens de M. le comte de Las Cases, augmentée du Testament original de Napoléon, et ornée d'une jolie vignette. Un vol. in-8°. Prix : 4 fr. 50 cent.

Mémoires et Mélanges historiques et littéraires, par le prince de Ligne. 4 vol. in-8°, ornés de son portrait et d'un fac-similé de son écriture. Prix : 26 fr. (Le premier est en vente.)

Les Mille et une Nuits, contes arabes, traduits en français par Galland ; nouvelle édition, entièrement revue sur les textes originaux, accompagnée de notes et augmentée de plusieurs nouvelles et contes, traduits des langues orientales, par M. Destains ; précédée d'une notice historique sur Galland, par M. Charles Nodier. 6 vol. in-8°, ornés de figures originales de MM. Robinson et W. Findon, d'après les dessins inédits de M. Westall. Prix : 45 fr.

www.ingramcontent.com/pod-product-compliance
Lightning Source LLC
LaVergne TN
LVHW020456230826
846091LV00008BA/3244

* 9 7 8 2 0 1 1 7 8 2 8 5 4 *